Fernando Pessoa

Poetry as Himself

Pessoa by Me Collection

Volume 4

Cover: Man and Shadow by Bob Price from pexel.com

Source for text in Portuguese: http://arquivopessoa.net/

Fernando Pessoa - Poetry as Himself

Selected Poems in New Translation - Bilingual Edition

Source for text in Portuguese:
http://arquivopessoa.net/

Selected and translated by Erick Messias
2023 ©

Introducing the series Pessoa by Me..........................5
Introducing Fernando Pessoa..................................7
AUTOPSICOGRAFIA...12
SELF-PSYCHO-PATHOLOGY....................................13
ISTO..14
This..15
CHUVA OBLÍQUA..16
OBLIQUE RAIN 1915..17
O amor, quando se revela,....................................22
Love, when it reveals itself,..................................23
Não sei quantas almas tenho.................................26
I don't know how many souls I have........................27
Ela canta, pobre ceifeira,.....................................32
She sings, poor reaper,..33
Sou louco e tenho por memória..............................36
I'm crazy and my memory is..................................37
Já me não pesa tanto o vir da morte.......................40
The coming of death no longer weighs so heavily on me..41
Eros e Psique...42
Eros and Psyche...43
Tenho tanto sentimento.......................................48
I feel so much..49
I - A criança que fui chora na estrada.....................52
I - The child I was cries on the road.......................53
Viajar! Perder países!..58
To Travel! To lose countries!.................................59
Já estou tranquilo. Já não espero nada...................60

I'm calm now. I no longer expect anything...............61
O Sino da minha aldeia.. 62
O bell of my village,... 63
Não sei, ama, onde era,... 66
I don't know, Nanny, where it was,........................ 67
Quando as crianças brincam..................................... 70
When children play..71
O menino da sua mãe.. 72
His mother's boy... 73
Tudo que faço ou medito... 78
Everything I do or meditate on................................ 79
Gato que brincas na rua... 80
Cat playing in the street.. 81
Natal... Na província neva... 82
Christmas... It's snowing in the province............... 83
Poemas do Livro "Mensagem"................................. 84
Poems from the book "Message"............................. 85
PADRÃO... 86
STANDARD...87
Prece... 90
Prayer... 91
Mar Portugues... 92
Portuguese Sea.. 93
NEVOEIRO..94
Fog... 95
About the authors: Fernando Pessoa - One and Many by ChatGPT... 97
About this translation...99

5

Introducing the series *Pessoa by Me*

Two things surprised me when I first read about Fernando Pessoa while in America. First, here the great poet was known mostly by his prose volume known as "The Book of Disquiet." Second, the great poems most cited included "Salutation to Walt Whitman" and "Maritime Ode."

Where was the poet and the poets, Caeiro, Campos and Reis? And where were lines such as "the poet is a sham" or "I am nothing, I will never be but nothing. I can't wish but to be nothing. Aside from this, I have in me every dream in the world" or "To be great, be whole" or "To think of God is to disobey God," - lines that I could find in my memory after all those years?

I then realized that to bring together the Pessoa that populated my adolescent imagination I would have to collect them and thus this series was created.

This is not an academic exercise, this is not professional translation, this is a work of love and *Saudade*. This is a way to introduce a Pessoa I met and left deep marks in my existence to my American children and friends. This is a way to collect the poems I encountered as an adolescent in Fortaleza in the 1990s and that have been in my soul with me since.

Erick Leite Maia de Messias

Introducing Fernando Pessoa

How hard is it to introduce someone whose poems and verses have been constant company for a lifetime? Yet, someone so mysterious, at one time transparent for translucid, at the same time transparent for multiple.

Fernando Pessoa was included in Harold Bloom's version of the Western Canon alongside Borges and Neruda as poets influenced by Walt Whitman. Pessoa does not shy away from that influence, having written a long poem titled "Salutation to Whitman" where he calls Whitman "my brother in the universe." There is scholarship on these parallels easily found online today - one such article is by Susan Margaret Brown.

These poems have been part of my life all my life. As such I wanted to share them with the part of my life lived in spoken English - the latter half of it. Come to find out that Fernando Pessoa is today mostly known in the US for his book in prose, his "factless" autobiography written under the name of Bernardo Soares, not by his incredible/immortal/infinite poetry.

Growing up in Brazil Pessoa was "the Portuguese poet" next only to Carlos Drummond de Andrade, our "poet".

Compared to his "heteronyms" - term Pessoa created to describe the other poets he created and wrote as, the main ones being Alberto Caeiro, Alvaro de Campos and

Ricardo Reis - translating the poetry he wrote as himself was the hardest. For one thing, in contrast with his heteronyms, Pessoa's poetry mostly rhymes. Well, it's basically impossible to keep the meaning and rhymes in English, so between the two I kept the literal meaning of the words and sentences - as I understood them.

Themes in the poetry of Pessoa writing as himself.

Thinking versus Feeling

Pessoa insists on a cerebral approach to feelings, at times talking about feigning - or in this translation, shaming - what is felt, at times leaving the reader the responsibility to feel, as in:

To feel? Let the reader do the feeling! - see poem "This"

A related theme to this is the idea of:

Shaming or faking

Perhaps the most famous poem of Pessoa as himself starts with this powerful pronouncement: *The poet is a sham* - in Portuguese, "o poeta é um fingidor." This idea of pretending or faking appears in many poems of Pessoa as himself. Examples in this volume are the poem Self-Psych-Pathology - I decided to translate the tem "autopsicografia" for this new word as I believe it encapsulates the idea/feeling I see in Portuguese better.

Longing for lost childhood

A recurrent theme in Pessoa writing as himself is this longing for a lost childhood or for a childhood that actually never was. This idea is embedded in the perception that time has passed and that the vision of the world through infant eyes is lost forever, only to remain as an idea.

Another example in this selection: "the child I once was cries…"

Fragmentation of the self
"Hora absurda"/Chuva obliqua"
It is not surprising that Pessoa, who created and wrote as so many heteronyms - touches on the idea of the multiplicity of selves in his poetry. A key example of this can be found in "I don't know how many souls I have" included in this selection.

The Poems of his book "Message"
Like many geniuses, Pessoa published only a very small proportion of his art during his lifetime. One exception are the poems collected in the book "Message" that were not only published but also submitted to a national poetry contest in Portugal in 1934 - for which Pessoa received a second place award. These poems follow a more grandiose vision of Portugal both past and future - though still presenting the foggy present - see poem *Fog*.

Erick Messias

Physician and translator

Saint Louis, 2023

AUTOPSICOGRAFIA

O poeta é um fingidor

Finge tão completamente

Que chega a fingir que é dor

A dor que deveras sente.

E os que lêem o que escreve,

Na dor lida sentem bem,

Não as duas que ele teve,

Mas só a que eles não têm.

E assim nas calhas de roda

Gira, a entreter a razão,

Esse comboio de corda

Que se chama coração.

SELF-PSYCHO-PATHOLOGY [1]

The poet is a sham

Shams it so completely

That shams that is pain

That pain that actually feels

And those reading the writings

In that printed pain feel quite well

Not both

Only the one they don't have

And thus the wheels keep turning

Entertaining reason

In this bundle of ropes

We call heart

---

[1] Translator's note: there is not perfect equivalent for the poem's title so I used the opportunity to play with "psychopathology" as an anchor.

ISTO

Dizem que finjo ou minto

Tudo que escrevo. Não.

Eu simplesmente sinto

Com a imaginação.

Não uso o coração.

    Tudo o que sonho ou passo,

    O que me falha ou finda,

    É como que um terraço

    Sobre outra coisa ainda.

    Essa coisa é que é linda.

Por isso escrevo em meio

Do que não está ao pé,

Livre do meu enleio,

Sério do que não é.

Sentir? Sinta quem lê!

This

They say I fake or lie

All I write. No.

I just feel

With my imagination.

Not with the heart.

    All I dream or live

    What I miss or end

    It is like a thing

    Over another thing,

    And this thing is beautiful.

That's why I write in the middle

Of what's not there,

Free from my entanglement,

Serious about what is not.

To feel? Let the reader do the feeling!

CHUVA OBLÍQUA

I

Atravessa esta paisagem o meu sonho dum porto infinito

E a cor das flores é transparente de as velas de grandes navios

Que largam do cais arrastando nas águas por sombra

Os vultos ao sol daquelas árvores antigas...

O porto que sonho é sombrio e pálido

E esta paisagem é cheia de sol deste lado...

Mas no meu espírito o sol deste dia é porto sombrio

E os navios que saem do porto são estas árvores ao sol...

OBLIQUE RAIN   1915

I

My dream of an infinite port crosses this landscape

And the color of the flowers is transparent from the sails of great ships

That leave the quay dragging the waters in shadow

The sunlit figures of those ancient trees…

The port I dream of is dark and pale

And this landscape is full of sunshine on this side...

But in my mind the sun of this day is a shady port

And the ships leaving the port are these trees in the sun...

Liberto em duplo, abandonei-me da paisagem abaixo...

O vulto do cais é a estrada nítida e calma

Que se levanta e se ergue como um muro,

E os navios passam por dentro dos troncos das árvores

Com uma horizontalidade vertical,

E deixam cair amarras na água pelas folhas uma a uma dentro...

Freed in a double, I abandoned myself to the landscape below...

The figure of the pier is the clear, calm road

That rises and stands like a wall,

And the ships pass inside the tree trunks

With a vertical horizontality,

And drop their moorings into the water through the leaves one by one...

Não sei quem me sonho...

Súbito toda a água do mar do porto é transparente

E vejo no fundo, como uma estampa enorme que lá estivesse desdobrada,

Esta paisagem toda, renque de árvore, estrada a arder em aquele porto,

E a sombra duma nau mais antiga que o porto que passa

Entre o meu sonho do porto e o meu ver esta paisagem

E chega ao pé de mim, e entra por mim dentro,

E passa para o outro lado da minha alma...

8-3-1914
«Chuva Oblíqua». Poesias. Fernando Pessoa. (Nota explicativa de João Gaspar Simões e Luiz de Montalvor.) Lisboa: Ática, 1942 (15ª ed. 1995). - 27.
1ª publ. in Orpheu, nº 2. Lisboa: Abr.-Jun. 1915.

I don't know who I'm dreaming about...

Suddenly all the sea water in the harbor is transparent

And I see it in the background, like a huge print unfolded there,

This whole landscape, a clump of trees, a road burning in that harbor,

And the shadow of a ship older than the passing port

Between my dream of the port and my vision of this landscape

And reaches me, and enters me,

And passes to the other side of my soul...

O amor, quando se revela,

O amor, quando se revela,

Não se sabe revelar.

Sabe bem olhar p'ra ela,

Mas não lhe sabe falar.

Quem quer dizer o que sente

Não sabe o que há de dizer.

Fala: parece que mente…

Cala: parece esquecer…

Ah, mas se ela adivinhasse,

Se pudesse ouvir o olhar,

E se um olhar lhe bastasse

P'ra saber que a estão a amar!

Love, when it reveals itself,

Love, when it reveals itself,

It doesn't know how to reveal itself.

It feels good to look at her,

But it doesn't know how to speak to her.

Those who want to say what they feel

Don't know what to say.

Speaks: seems to lie...

Shuts up: seems to forget…

Ah, but if she could guess,

If she could hear the look,

And if one look was enough

To know she's being loved!

Mas quem sente muito, cala;

Quem quer dizer quanto sente

Fica sem alma nem fala,

Fica só, inteiramente!

Mas se isto puder contar-lhe

O que não lhe ouso contar,

Já não terei que falar-lhe

Porque lhe estou a falar…

But those who feel too much keep quiet;

Those who want to say how much they feel

Are left without soul or speech,

Are left alone, entirely!

But if I can tell you

What I dare not tell you,

I won't have to say to you

Because I'm saying to you...

Não sei quantas almas tenho.

Não sei quantas almas tenho.

Cada momento mudei.

Continuamente me estranho.

Nunca me vi nem achei.

De tanto ser, só tenho alma.

Quem tem alma não tem calma.

Quem vê é só o que vê,

Quem sente não é quem é,

I don't know how many souls I have.

I don't know how many souls I have.

I changed every moment.

I kept finding myself strange.

I've never seen or found myself.

From being so much, I only have a soul.

Whoever has a soul is not calm.

That who sees is only what he sees,

That who feels is not who he is,

Atento ao que sou e vejo,

Torno-me eles e não eu.

Cada meu sonho ou desejo

É do que nasce e não meu.

Sou minha própria paisagem,

Assisto à minha passagem,

Diverso, móbil e só,

Não sei sentir-me onde estou.

I pay attention to what I am and what I see,

I become them and not me.

My every dream or desire

Is from what is born and not mine.

I am my own landscape,

I watch my passage,

Diverse, mobile and alone,

I don't know how to feel where I am.

Por isso, alheio, vou lendo

Como páginas, meu ser

O que segue não prevendo,

O que passou a esquecer.

Noto à margem do que li

O que julguei que senti.

Releio e digo: «Fui eu?»

Deus sabe, porque o escreveu.

So, oblivious, I read on

Like pages, my being

What I still don't foresee,

What I've forgotten.

I notice in the margins of what I read

What I thought I felt.

I reread it and say: "Was it me?"

God knows, because he wrote it.

Ela canta, pobre ceifeira,

Ela canta, pobre ceifeira,

Julgando-se feliz talvez;

Canta, e ceifa, e a sua voz, cheia

De alegre e anónima viuvez,

Ondula como um canto de ave

No ar limpo como um limiar,

E há curvas no enredo suave

Do som que ela tem a cantar.

Ouvi-la alegra e entristece,

Na sua voz há o campo e a lida,

E canta como se tivesse

Mais razões para cantar que a vida.

She sings, poor reaper, [2]

She sings, poor reaper,

Thinking she's happy;

She sings, and she reaps, and her voice, full

Of joyful, anonymous widowhood,

Waves like a bird's song

In the clear air like a threshold,

And there are curves in the soft plot

Of the sound she sings.

Listening to her makes you happy and sad,

In her voice there's the countryside and the toil,

And she sings as if she had

More reasons to sing than life.

---
[2] Richard Zenith in his biography of Pessoa identifies this poem as a remake of Wordsworth "The Solitary Reaper."

Ah, canta, canta sem razão!

O que em mim sente está pensando.

Derrama no meu coração

A tua incerta voz ondeando!

Ah, poder ser tu, sendo eu!

Ter a tua alegre inconsciência,

E a consciência disso! Ó céu!

Ó campo! Ó canção! A ciência

Pesa tanto e a vida é tão breve!

Entrai por mim dentro! Tornai

Minha alma a vossa sombra leve!

Depois, levando-me, passai!

Ah, sing, sing for no reason!

That part of me that feels is thinking.

Pour into my heart

Your uncertain wavering voice!

Oh, to be you, being me!

To have your joyful unconsciousness,

And the awareness of it! O sky!

O field! O song! Science

Weighs so much and life is so short!

Come inside me! Make

My soul into your light shadow!

Then, taking me, pass on!

Sou louco e tenho por memória

Sou louco e tenho por memória

Uma longínqua e infiel lembrança

De qualquer dita transitória

Que sonhei ter quando criança.

Depois, malograda trajetória

Do meu destino sem esperança,

Perdi, na névoa da noite inglória

O saber e o ousar da aliança.

I'm crazy and my memory is

I'm crazy and my memory is

A distant and unfaithful remembrance

Of some transitory saying

I dreamed of having as a child.

Afterwards, the unsuccessful trajectory

Of my hopeless destiny,

I lost, in the mists of an inglorious night

The knowledge and daring of alliance.

Só guardo como um anel pobre

Que a todo o herdado só faz rico

Um frio perdido que me cobre

Como um céu dossel de mendigo,

Na curva inútil em que fico

Da estrada certa que não sigo.

I only keep it like a poor ring

Which only makes the inherited rich

A lost cold that covers me

Like a beggar's canopy,

In the useless bend where I stand

On the right road that I don't follow

Já me não pesa tanto o vir da morte.

Já me não pesa tanto o vir da morte.

Sei já que é nada, que é ficção e sonho,

E que, na roda universal da Sorte,

Não sou aquilo que me aqui suponho.

Sei que há mais mundos que este pouco mundo

Onde parece a nós haver morrer —

Dura terra e fragosa, que há no fundo

Do oceano imenso de viver.

Sei que a morte, que é tudo, não é nada,

E que, de morte em morte, a alma que há

Não cai num poço: vai por uma estrada.

Em Sua hora e a nossa, Deus dirá.

The coming of death no longer weighs so heavily on me.

The coming of death no longer weighs so heavily on me.

I already know that it's nothing, that it's a fiction and a dream,

And that, on the universal wheel of Fortune,

I am not what I suppose myself to be.

I know that there are more worlds than this little world

Where we seem to die -

The hard and fragile earth that lies at the bottom

Of the immense ocean of living.

I know that death, which is everything, is nothing,

And that, from death to death, the soul there is

Doesn't fall into a well: it goes down a road.

In its time and ours, God will say.

Eros e Psique

Conta a lenda que dormia

Uma Princesa encantada

A quem só despertaria

Um Infante, que viria

Do além do muro da estrada.

Ele tinha que, tentado,

Vencer o mal e o bem,

Antes que, já libertado,

Deixasse o caminho errado

Por o que à Princesa vem.

A Princesa adormecida,

Se espera, dormindo espera.

Sonha em morte a sua vida,

Eros and Psyche

Legend has it that

An enchanted princess

Who would only be awaken

By a Prince, who would come

From beyond the wall of the road.

He had to try to

Overcome evil and good,

Before, already freed,

Leave the wrong path

For the one leading to the Princess.

The sleeping princess,

If she waits, sleeping she waits.

In death dreaming her life,

E orna-lhe a fronte esquecida,

Verde, uma grinalda de hera.

Longe o Infante, esforçado,

Sem saber que intuito tem,

Rompe o caminho fadado.

Ele dela é ignorado.

Ela para ele é ninguém.

Mas cada um cumpre o Destino –

Ela dormindo encantada,

Ele buscando-a sem tino

Pelo processo divino

Que faz existir a estrada.

And ornaments her forgotten brow,

Green, an ivy garland.

Far away the Prince, struggling,

Without knowing what his purpose is,

Breaks the fated path.

He is ignored by her.

She is nobody to him.

But each one fulfills each Fate -

She sleeping enchanted,

He searching for her cluelessly

Through the divine process

That makes the road exist.

E, se bem que seja obscuro

Tudo pela estrada fora,

E falso, ele vem seguro,

E, vencendo estrada e muro,

Chega onde em sono ela mora.

E, inda tonto do que houvera,

À cabeça, em maresia,

Ergue a mão , e encontra hera,

E vê que ele mesmo era

A Princesa que dormia.

And though it's dark

All down the road,

And false, he comes safe,

And, overcoming road and wall

Arrives where in sleep she dwells.

And, still dizzy from what had happened,

To his head, in sea air,

He raised his hand and found ivy,

And saw that he himself was

The sleeping princess.

Tenho tanto sentimento

Tenho tanto sentimento

Que é frequente persuadir-me

De que sou sentimental,

Mas reconheço, ao medir-me,

Que tudo isso é pensamento,

Que não senti afinal.

Temos, todos que vivemos,

Uma vida que é vivida

E outra vida que é pensada,

E a única vida que temos

É essa que é dividida

Entre a verdadeira e a errada.

I feel so much

I feel so much

That I'm often persuaded

That I'm sentimental,

But I recognize when I measure myself

That it's all thought,

That I didn't really feel.

We have, all of us who live,

A life that is lived

And another life that is thought,

And the only life we have

Is the one that's divided

Between the true and the false.

Qual porém é verdadeira

E qual errada, ninguém

Nos saberá explicar;

E vivemos de maneira

Que a vida que a gente tem

É a que tem que pensar.

Which one is true

And which is false, no one

Can explain to us;

And we live in such a way

That the life we have

Is the one you have thought.

I - A criança que fui chora na estrada.

I

A criança que fui chora na estrada.

Deixei-a ali quando vim ser quem sou;

Mas hoje, vendo que o que sou é nada,

Quero ir buscar quem fui onde ficou.

Ah, como hei-de encontrá-lo? Quem errou

A vinda tem a regressão errada.

Já não sei de onde vim nem onde estou.

De o não saber, minha alma está parada.

Se ao menos atingir neste lugar

Um alto monte, de onde possa enfim

O que esqueci, olhando-o, relembrar,

I - The child I was cries on the road.

I

The child I once was cries on the road.

Where I left it when I came to be who I am;

But today, seeing that what I am is nothing,

I want to go and find who I was where he stayed.

Ah, how will I find him? Whoever made a mistake

In coming has the wrong return.

I no longer know where I came from or where I am.

My soul is at a standstill from not knowing.

If only I could reach this place

A high mountain, from where I can finally remember

What I've forgotten, looking at it,

Na ausência, ao menos, saberei de mim,

E, ao ver-me tal qual fui ao longe, achar

Em mim um pouco de quando era assim.

II

Dia a dia mudamos para quem

Amanhã não veremos. Hora a hora

Nosso diverso e sucessivo alguém

Desce uma vasta escadaria agora.

E uma multidão que desce, sem

Que um saiba de outros. Vejo-os meus e fora.

Ah, que horrorosa semelhança têm!

São um múltiplo mesmo que se ignora.

In my absence, at least I'll know myself,

And, seeing myself as I was in the distance, find

In me a little of when I was like then.

II

Day by day we change to whom

We won't see tomorrow. Hour by hour

Our different and successive someone

Descends a vast staircase now.

And a crowd that descends, without

one knowing of the others. I see mine and other's.

Oh, what a horrible resemblance they have!

They are a multiple even if ignored.

Olho-os. Nenhum sou eu, a todos sendo.

E a multidão engrossa, alheia a ver-me,

Sem que eu perceba de onde vai crescendo.

Sinto-os a todos dentro em mim mover-me,

E, inúmero, prolixo, vou descendo

Até passar por todos e perder-me.

III

Meu Deus! Meu Deus! Quem sou, que desconheço

O que sinto que sou? Quem quero ser

Mora, distante, onde meu ser esqueço,

Parte, remoto, para me não ter.

I look at them. None of them are me, but all of them are.

And the crowd swells, oblivious to seeing me,

without me realizing where it's growing from.

I feel them all moving inside me,

And, countless, long-winded, I descend

Until I pass them all and lose myself.

III

My God! My God! Who am I that I don't know?

Who I want to be

Lives, far away, where I forget,

Leaves, remote, so as not to have me.

Viajar! Perder países!

Viajar! Perder países!

Ser outro constantemente,

Por a alma não ter raízes

De viver de ver somente!

Não pertencer nem a mim!

Ir em frente, ir a seguir

A ausência de ter um fim,

E da ânsia de o conseguir!

Viajar assim é viagem.

Mas faço-o sem ter de meu

Mais que o sonho da passagem.

O resto é só terra e céu.

To Travel! To lose countries!

To travel! To lose countries!

Be another constantly

As the soul has no roots

Living by seeing only!

Not belonging even to myself

Moving forward, moving on

Without a goal

Or the anxiety of achieving it.

This is travel.

And I do without having

Anything but the dream of a landscape

The rest is all land and sky.

Já estou tranquilo. Já não espero nada.

Já estou tranquilo. Já não espero nada.

Já sobre meu vazio coração

Desceu a inconsciência abençoada

De nem querer uma ilusão.

I'm calm now. I no longer expect anything.

I'm calm now. I no longer expect anything.

Over my empty heart

The blessed unconsciousness has descended

Of not wanting even an illusion.

O Sino da minha aldeia

Ó sino da minha aldeia,

Dolente na tarde calma,

Cada tua badalada

Soa dentro da minha alma.

E é tão lento o teu soar,

Tão como triste da vida,

Que já a primeira pancada

Tem o som de repetida.

O bell of my village,

O bell of my village,

Resigned in the calm afternoon,

Your every stroke

Sounds within my soul.

And your ringing is so slow,

So like the sadness of life,

That already the first stroke

Has the sound of repetition.

Por mais que me tanjas perto

Quando passo, sempre errante,

És para mim como um sonho.

Soas-me na alma distante.

A cada pancada tua

Vibrante no céu aberto,

Sinto mais longe o passado,

Sinto a saudade mais perto.

No matter how close I get

When I pass, always wandering,

You're like a dream to me.

You sound in my distant soul.

With every blow of yours

Vibrating in the open sky,

I feel the past further away,

I feel my longing getting closer.

1916

Não sei, ama, onde era,

Não sei, ama, onde era,

Nunca o saberei...

Sei que era Primavera

E o jardim do rei...

(Filha, quem o soubera!...).

Que azul tão azul tinha

Ali o azul do céu!

Se eu não era a rainha,

Porque era tudo meu?

(Filha, quem o adivinha?).

1916

I don't know, Nanny, where it was,

I don't know, Nanny, where it was,

I'll never know...

I know it was spring

And the king's garden...

(Daughter, who knew!...).

How blue it was

The blue of the sky!

If I wasn't the queen,

Why was it all mine?

(Daughter, who knew?).

E o jardim tinha flores

De que não me sei lembrar...

Flores de tantas cores...

Penso e fico a chorar...

(Filha, os sonhos são dores...).

Qualquer dia viria

Qualquer coisa a fazer

Toda aquela alegria

Mais alegria nascer

(Filha, o resto é morrer...).

Conta-me contos, ama...

Todos os contos são

Esse dia, e jardim e a dama

Que eu fui nessa solidão...

And the garden had flowers

What king I can't remember...

Flowers of so many colors...

I think and I cry...

(Daughter, dreams are pain...).

Any day would come

Something to do

All that joy

More joy be born

(Daughter, the rest is death...).

Tell me stories, Nanny...

All the stories are

That day, the garden and the lady

That I was in that solitude...

1933

Quando as crianças brincam

Quando as crianças brincam

E eu as oiço brincar,

Qualquer coisa em minha alma

Começa a se alegrar.

E toda aquela infância

Que não tive me vem,

Numa onda de alegria

Que não foi de ninguém.

Se quem fui é enigma,

E quem serei visão,

Quem sou ao menos sinta

Isto no coração.

When children play

When children play

And I hear them play,

Something in my soul

Begins to rejoice.

And all that childhood

That I didn't have comes back to me,

In a wave of joy

That didn't belong to anyone.

If who I was is an enigma,

And who I will be is a vision,

Who I am at least feels

This in my heart.

O menino da sua mãe.

No plaino abandonado

Que a morna brisa aquece,

De balas traspassado

— Duas, de lado a lado —,

Jaz morto, e arrefece.

Raia-lhe a farda o sangue.

De braços estendidos,

Alvo, louro, exangue,

Fita com olhar langue

E cego os céus perdidos.

His mother's boy. [3]

On the abandoned plain

Warmed by the breeze,

Pierced by bullets

- Two, side by side -,

Lies dead and cold.

Blood drips from his uniform.

With arms outstretched,

Tall, blond, exsanguinated,

Stares languidly

And blind the lost skies.

---
[3] A poem reflecting the carnage of World War 1 (1914-18)

Tão jovem! que jovem era!

(Agora que idade tem?)

Filho único, a mãe lhe dera

Um nome e o mantivera:

«O menino da sua mãe».

Caiu-lhe da algibeira

A cigarreira breve.

Dera-lha a mãe. Está inteira

E boa a cigarreira.

Ele é que já não serve.

So young! How young he was!

(How old is he now?)

An only child, his mother gave him

A name and he kept it:

"Your mother's boy".

Out of his pocket

His small cigarette case.

His mother had given it to him. It's in one piece

And good.

He's no good anymore.

De outra algibeira, alada

Ponta a roçar o solo,

A brancura embainhada

De um lenço… Deu-lho a criada

Velha que o trouxe ao colo.

Lá longe, em casa, há a prece:

«Que volte cedo, e bem!»

(Malhas que o Império tece!)

Jaz morto, e apodrece,

O menino da sua mãe.

From another pocket, winged

Tip brushing the ground,

The sheathed whiteness

Of a handkerchief... The maid gave it to him

The old woman who carried him.

Far away, at home, there's a prayer:

"May he return early and well!"

(Spiderwebs that the Empire weaves!)

Lies dead and rotting,

His mother's boy.

Tudo que faço ou medito

Tudo que faço ou medito

Fica sempre na metade.

Querendo, quero o infinito.

Fazendo, nada é verdade.

Que nojo de mim me fica

Ao olhar para o que faço!

Minha alma é lúcida e rica,

E eu sou um mar de sargaço —

Um mar onde bóiam lentos

Fragmentos de um mar de além...

Vontades ou pensamentos?

Não o sei e sei-o bem.

Everything I do or meditate on

Everything I do or meditate on

Is always half done.

Wanting, I want infinity.

Doing, nothing is true.

How disgusted I am

Looking at what I do!

My soul is lucid and rich,

And I'm a sea of sargassum -

A sea where floats slowly

Fragments of a sea beyond...

Wills or thoughts?

I don't know and I know it well.

Gato que brincas na rua

Gato que brincas na rua

Como se fosse na cama,

Invejo a sorte que é tua

Porque nem sorte se chama.

Bom servo das leis fatais

Que regem pedras e gentes,

Que tens instintos gerais

E sentes só o que sentes.

És feliz porque és assim,

Todo o nada que és é teu.

Eu vejo-me e estou sem mim,

Conheço-me e não sou eu.

Cat playing in the street

Cat playing in the street

As if in bed,

I envy this luck that's yours

Because it's not even called luck.

Good servant of the fatal laws

That govern stones and people,

That gives you general instincts

And you only feel what you feel.

You're happy because that's who you are,

All the nothing you are is yours.

I see myself and I am without myself,

I know myself and I'm not me.

Natal... Na província neva.

Natal... Na província neva.

Nos lares aconchegados,

Um sentimento conserva

Os sentimentos passados.

Coração oposto ao mundo,

Como a família é verdade!

Meu pensamento é profundo,

Estou só e sonho saudade.

E como é branca de graça

A paisagem que não sei,

Vista de trás da vidraça

Do lar que nunca terei!

Christmas... It's snowing in the province.

Christmas... It snows in the province.

In cozy homes,

A feeling preserves

The feelings of the past.

Heart contrary to the world,

How true family is!

My thoughts are deep,

I'm lonely and dream of longing.

And how white with grace

The landscape I don't know,

Seen from behind the glass

Of the home I'll never have!

Poemas do Livro "Mensagem"

Poems from the book "Message"

PADRÃO

O esforço é grande e o homem é pequeno.

Eu, Diogo Cão, navegador, deixei

Este padrão ao pé do areal moreno

E para diante naveguei.

A alma é divina e a obra é imperfeita.

Este padrão sinala ao vento e aos céus

Que, da obra ousada, é minha a parte feita:

O por-fazer é só com Deus.

STANDARD

The effort is great and the man is small.

I, Diogo Cão [4], navigator, left

This standard at the foot of the dark sand

And sailed onward.

The soul is divine and the work is imperfect.

This standard signals to the wind and the heavens

That of the daring work, my part is done:

The yet to be done, is only up to God.

---

[4] Diogo Cao (1452-86) was an early Portuguese explorer and navigator. He is credited with the practice of leaving standards made of stone to mark his presence.

E ao imenso e possível oceano

Ensinam estas Quinas, que aqui vês,

Que o mar com fim será grego ou romano:

O mar sem fim é português.

E a Cruz ao alto diz que o que me há na alma

E faz a febre em mim de navegar

Só encontrará de Deus na eterna calma

O porto sempre por achar.

And to the immense and possible ocean

These Quinas [5] you see here teach,

That the sea with an end will be Greek or Roman:

The endless sea is Portuguese. [6]

And the Cross up high says what's in my soul

And makes me feverish to sail

Will only find in God's eternal calm

The port always to be found.

---

[5] "Quinas" are group of five marks in the shields included in the Portuguese flag.
[6] The Romans call the Mediterranean Sea "our Sea" - Mare Nostrum. That's the "see with an end".

Prece

Senhor, a noite veio e a alma é vil.

Tanta foi a tormenta e a vontade!

Restam-nos hoje, no silêncio hostil,

O mar universal e a saudade.

Mas a chama, que a vida em nós criou,

Se ainda há vida ainda não é finda.

O frio morto em cinzas a ocultou:

A mão do vento pode erguê-la ainda.

Dá o sopro, a aragem — ou desgraça ou ânsia —,

Com que a chama do esforço se remoça,

E outra vez conquistemos a Distância —

Do mar ou outra, mas que seja nossa!

Prayer

Lord, the night has come and the soul is vile.

Such was the storm and the will!

Today we are left with hostile silence,

The universal sea and longing.

But the flame that life has created in us,

If there's still life, it's not over yet.

The cold dead in ashes have hidden it:

The hand of the wind can still raise it.

Gives us the breath - or misfortune or longing -,

With which the flame of effort is rekindled,

And let us once again conquer the Distance -

Of the sea or another, but let it be ours!

Mar Portugues

Ó mar salgado, quanto do teu sal

São lágrimas de Portugal!

Por te cruzarmos, quantas mães choraram,

Quantos filhos em vão rezaram!

Quantas noivas ficaram por casar

Para que fosses nosso, ó mar!

Valeu a pena? Tudo vale a pena

Se a alma não é pequena.

Quem quer passar além do Bojador

Tem que passar além da dor.

Deus ao mar o perigo e o abismo deu,

Mas nele é que espelhou o céu.

Portuguese Sea

Oh salty Sea! How much of your salt

Are tears from Portugal!

Through you we sailed, how many mothers wailed?

How many sons prayed?

How many women at the altar waited?

So that you became ours, Oh Sea!

Was it worth it? Anything is worth it

If the soul is not small.

Those who want to pass the Cape of Hope

Must pass beyond despair

God gave the sea danger and the abyss

But in it mirrored the heavens.

NEVOEIRO

Nem rei nem lei, nem paz nem guerra,

Define com perfil e ser

Este fulgor baço da terra

Que é Portugal a entristecer —

Brilho sem luz e sem arder

Como o que o fogo-fátuo encerra.

Ninguém sabe que coisa quer.

Ninguém conhece que alma tem,

Nem o que é mal nem o que é bem.

(Que ânsia distante perto chora?)

Tudo é incerto e derradeiro.

Tudo é disperso, nada é inteiro.

Ó Portugal, hoje és nevoeiro...

É a hora!

Fog

Neither king nor law, neither peace nor war,

Defines with profile and being

This dull glow of the earth

Which is Portugal saddening -

Shining without light and without burning

Like that which the fiery fire contains.

Nobody knows what it wants.

No one knows what soul it has,

Neither what is evil nor what is good.

(What distant yearning cries nearby?)

Everything is uncertain and ultimate.

Everything is scattered, nothing is whole.

O Portugal, today you are fog...

It's time!

About the authors: Fernando Pessoa - One and Many by ChatGPT

Fernando Pessoa (1888-1935) born in Lisbon, Portugal, is one of the most enigmatic and influential figures in the world of poetry and literature. He is celebrated for his profound and introspective works, which have left a mark on the literary landscape of the 20th century.

Pessoa's early life was marked by tragedy and loss. At the age of five, he lost his father, and shortly afterward, his family relocated to Durban, South Africa. There, he received an English education, which greatly influenced his writing. Pessoa returned to Portugal in 1905, and his early works reflect the duality of his cultural influences - Portuguese and English.

One of Pessoa's most remarkable literary achievements is the creation of heteronyms, distinct literary personalities with their own styles and perspectives. These heteronyms allowed him to explore diverse themes and emotions within his poetry and prose. The most famous of these heteronyms include Alberto Caeiro, a nature-loving poet; Ricardo Reis, a stoic poet inspired by classicism; Álvaro de Campos, a modernist poet; and Bernardo Soares, the author of "The Book of Disquiet," a deeply introspective and philosophical work.

Throughout his life, Pessoa's writings delved into themes of identity, existence, and the multifaceted nature of reality. His works, often characterized by their melancholic and existential tone, resonate with readers and critics alike. His poetry is marked by its introspection and exploration of the human condition, reflecting the uncertainty and flux of modern life.

Pessoa's literary career was not limited to poetry. He was an accomplished essayist, translator, and critic, contributing significantly to Portuguese literature. Despite his literary talents, Pessoa lived a relatively reclusive life, working as a freelance translator and collaborating with various literary magazines.

Pessoa died on November 30, 1935, at the age of 47, due to cirrhosis of the liver. In death, he left behind a treasure trove of unpublished works, which continue to be discovered and published to this day.

Fernando Pessoa's legacy endures through his profound and innovative body of work, which has inspired generations of poets and writers around the world. His ability to navigate the complexities of human existence and his unique approach to literature have solidified his place as one of Portugal's most celebrated literary figures and a global literary icon.

About this translation

This translation is my own version of Pessoa's poems revisiting verses stuck in my memory for over 50 years - half lived in Brazil/Portuguese, half lived in the US/English. It is written for my American English children and friends.

Paraphrasing Pessoa in the closing lines of The Herd Keeper poem 8:

This is the story of my Fernando Pessoa.
Why is it that
It cannot be truer
Than whatever other translators think
And academics teach?

Erick Messias is a Brazilian American physician and translator.

Printed in Dunstable, United Kingdom